AF359964

GEORGE DANDIN,

OU LE

MARY CONFONDU.

COMEDIE.

Par

I. B. P. DE MOLIERE.

Suivant la Copie imprimée

A PARIS.

M. DC. LXIX.

ACTEURS.

GEORGE DANDIN, riche Païsan, Mary d'Angelique.

ANGELIQUE, Femme de George Dandin, & Fille de Mr de Sotenville.

Mr DE SOTENVILLE, Gentilhomme Campagnard, Pere d'Angelique.

Me DE SOTENVILLE, sa Femme.

CLITANDRE, Amoureux d'Angelique.

CLAUDINE, Suivante d'Angelique.

LUBIN, Païsan, servant Clitandre.

COLIN, Valet de George Dandin.

La Scene est devant la maison de George Dandin.

GEORGE DANDIN

GEORGE DANDIN,
OU LE
MARY CONFONDU.

ACTE I.

SCENE PREMIERE.
GEORGE DANDIN.

AH ! qu'une femme Demoiselle eſt u-ne étrange affaire, & que mon maria-ge eſt une leçon bien parlante à tous les Païſans qui veulent s'élever au deſſus de leur condition, & s'allier comme j'ay fait à la maiſon d'un Gentilhomme. La nobleſſe de ſoy eſt bonne : c'eſt une choſe conſiderable aſſurément, mais elle eſt ac-compagnée de tant de mauvaiſes circonſtances, qu'il eſt tres-bon de ne s'y point froter. Je ſuis devenu là-deſſus ſçavant à mes dépens, & connois le ſtyle des Nobles lors qu'ils nous font nous autres entrer dans leur famille. L'alliance qu'ils font eſt petite avec nos perſonnes. C'eſt noſtre bien ſeul qu'ils epouſent, & j'aurois bien mieux fait, tout riche que je ſuis, de m'allier en bonne & franche païſanerie, que de pren-dre une femme qui ſe tient au deſſus de moy, s'of-fence de porter mon nom, & penſe qu'avec tout mon bien je n'ay pas aſſez acheté la qualité de ſon mary. George Dandin, George Dandin, vous avez fait une ſotiſe la plus grande du monde. Ma maiſon m'eſt ef-

A 2

froyable

froyable maintenant, & je n'y rentre point fans y trouver quelque chagrin.

SCENE II.

GEORGE DANDIN, LUBIN.

GEORGE DANDIN.

Voyant fortir Lubin de chez luy.

QUe diantre ce drôle là vient-il faire chez moy?

LUBIN.

Voila un homme qui me regarde.

GEORGE DANDIN.

Il ne me connoiſt pas.

LUBIN.

Il ſe doute de quelque choſe.

GEORGE DANDIN.

Oüais! il a grand' peine à ſalüer.

LUBIN.

J'ay peur qu'il n'aille dire qu'il m'a veu ſortir de là dedans.

GEORGE DANDIN.

Bonjour.

LUBIN.

Serviteur.

GEORGE DANDIN.

Vous n'eſtes pas d'icy que je croy?

LUBIN.

Non, je n'y ſuis venu que pour voir la Feſte de demain.

GEORGE DANDIN.

Hé dites-moy un peu, s'il vous plaiſt, vous venez de là dedans.

LUBIN.

Chut.

GEORGE DANDIN.

Comment!

LUBIN.

Paix.

GEOR-

GEORGE DANDIN.

Quoy donc ?

LUBIN.

Motus, il ne faut pas dire que vous m'ayez veu sortir de là.

GEORGE DANDIN.

Pourquoy ?

LUBIN.

Mon Dieu parce.

GEORGE DANDIN.

Mais encor ?

LUBIN.

Doucement. J'ay peur qu'on ne nous écoute.

GEORGE DANDIN.

Point, point.

LUBIN.

C'est que je viens de parler à la Maiſtreſſe du logis de la part d'un certain Monſieur qui luy fait les doux yeux, & il ne faut pas qu'on ſçache cela. Entendez-vous ?

GEORGE DANDIN.

Oüy.

LUBIN.

Voila la raiſon. On m'a enchargé de prendre garde que perſonne ne me viſt, & je vous prie au moins de ne pas dire que vous m'ayez veu.

GEORGE DANDIN.

Je n'ay garde.

LUBIN.

Je ſuis bienaiſe de faire les choſes ſecretement comme on m'a recommandé.

GEORGE DANDIN.

C'eſt bien fait.

LUBIN.

Le mary, à ce qu'ils diſent, eſt un jaloux qui ne veut pas qu'on faſſe l'amour à ſa femme, & il feroit le diable à quatre ſi cela venoit à ſes oreilles. Vous comprenez bien.

GEOR-

G E O R G E   D A N D I N.

Fort bien.

L U B I N.

Il ne faut pas qu'il sçache rien de tout cecy.

G E O R G E   D A N D I N.

Sans doute.

L U B I N.

On le veut tromper tout doucement. Vous entendez bien.

G E O R G E   D A N D I N.

Le mieux du monde.

L U B I N.

Si vous alliez dire que vous m'avez veu sortir de chez luy, vous gasteriez toute l'affaire. Vous comprenez bien.

G E O R G E   D A N D I N.

Assurément. Hé comment nommez vous celuy qui vous a envoyé là-dedans?

L U B I N.

C'est le Seigneur de nostre païs, Monsieur le Vicomte de chose …. foin je ne me souviens jamais comment diantre ils baragouinent ce nom-là, Monsieur Cli… Clitandre.

G E O R G E   D A N D I N.

Est-ce ce jeune Courtisan qui demeure…

L U B I N.

Oüy. Auprés de ces arbres.

G E O R G E   D A N D I N,

à part.

C'est pour cela que depuis peu ce Damoiseau poly s'est venu loger contre moy; j'avois bon nez sans doute, & son voisinage déja m'avoit donné quelque soupçon.

L U B I N.

Testigué, c'est le plus honneste homme que vous ayez jamais veu. Il m'a donné trois pieces d'or pour aller dire seulement à la femme qu'il est amoureux d'elle, & qu'il souhaite fort

l'honl'honneur de pouvoir luy parler. Voyez s'il y a là une grande fatigue pour me payer si bien, & ce qu'est au prix de cela une journée de travail où je ne gagne que dix fols.

GEORGE DANDIN.

Hé bien, avez-vous fait voftre meflage?

LUBIN.

Oüy, j'ay trouvé là-dedans une certaine Claudine, qui tout du premier coup a compris ce que je voulois, & qui m'a fait parler à fa Maiftreffe.

GEORGE DANDIN.

à part.

Ah coquine de fervante !

LUBIN.

Morguéne cette Claudine-là eft tout à fait jolie, elle a gagné mon amitié, & il ne tiendra qu'à elle que nous ne foyons mariez enfemble.

GEORGE DANDIN.

Mais quelle réponfe a fait la Maiftreffe à ce Monfieur le Courtifan ?

LUBIN.

Elle m'a dit de luy dire .... attendez, je ne fçay fi je me fouviendrez bien de tout cela. Qu'elle luy eft tout à fait obligée de l'affection qu'il a pour elle, & qu'à caufe de fon mary qui eft fantafque, il garde d'en rien faire paroiftre, & qu'il faudra fonger à chercher quelque invention pour fe pouvoir entretenir tous deux.

GEORGE DANDIN.

à part.

Ah ! pendarde de femme.

LUBIN.

Teftiguiene cela fera drôle, car le mary ne fe doutera point de la manigance, voila ce qui eft de bon. Et il aura un pied de nez avec fa jaloufie. Eft-ce pas?

GEORGE DANDIN.

Cela eft vray.

  Lu

LUBIN.

Adieu. Bouche coufuë au moins. Gardez bien le
fecret, afin que le mary ne le fçache pas.

GEORGE DANDIN.

Oüy, oüy.

LUBIN.

Pour moy je vais faire femblant de rien, je fuis un
fin matois, & l'on ne diroit pas que j'y touche.

SCENE III.

GEORGE DANDIN.

HE bien, George Dandin, vous voyez de quel
air voftre femme vous traitte. Voila ce que c'eft
d'avoir voulu époufer une Demoifelle, l'on vous accommode de toutes pieces, fans que vous puiffiez
vous vanger, & la Gentilhommerie vous tient les
bras liez. L'égalité de condition laiffe du moins à
l'honneur d'un mary liberté de reffentiment, & fi
c'eftoit une Païfanne, vous auriez maintenant toutes vos coudées franches à vous en faire la juftice à
bons coups de bafton. Mais vous avez voulu tafter
de la Nobleffe, & il vous ennuyoit d'eftre maiftre
chez vous. Ah! j'enrage de tout mon cœur, & je
me donnerois volontiers des foufflets. Quoy écouter impudemment l'amour d'un Damoifeau, & y
promettre en mefme temps de la correfpondence!
Morbleu je ne veux point laiffer paffer une occa-
fion de la forte. Il me faut de ce pas aller faire mes
plaintes au pere & à la mere, & les rendre té-
moins à telle fin que de raifon, des fujets de chagrin
& de reffentiment que leur fille me donne. Mais les
voicy l'un & l'autre fort à propos.

SCENE IV.

MONSIEUR ET MADAME DE SOTENVILLE, GEORGE DANDIN.

M^r DE SOTENVILLE.

QUeſt-ce, mon gendre ? vous me paroiſſez tout troublé.

GEORGE DANDIN.

Auſſi en ay-je du ſujet, & ....

M^e DE SOTENVILLE.

Mon Dieu, noſtre gendre, que vous avez peu de civilité de ne pas ſaliier les gens quand vous les approchez.

GEORGE DANDIN.

Ma foy, ma belle-mere, c’eſt que j’ay d’autres choſes en teſte, & ...

M^e DE SOTENVILLE.

Encor ! eſt-il poſſible, noſtre gendre, que vous ſçachiez ſi peu voſtre monde, & qu’il n’y ait pas moyen de vous inſtruire de la maniere qu’il faut vivre parmy les perſonnes de qualité ?

GEORGE DANDIN.

Comment ?

M^e DE SOTENVILLE.

Ne vous déferez-vous jamais avec moy de la familiarité de ce mot de ma belle-mere, & ne ſçauriez-vous vous accouſtumer à me dire Madame.

GEORGE DANDIN.

Parbleu, ſi vous m’appellez voſtre gendre, il me ſemble que je puis vous appeller ma belle-mere.

M^e DE SOTENVILLE.

Il y a fort à dire, & les choſes ne ſont pas égales. Apprenez, s’il vous plaiſt, que ce n’eſt pas à vous à vous ſervir de ce mot-là avec une perſonne de ma condition ; Que tout noſtre gendre que vous ſoyez, il y a grande difference de vous à nous, & que vous devez vous connoiſtre.

Mr DE SOTENVILLE.

C'en est assez mamour, laissons cela.

Me DE SOTENVILLE.

Mon Dieu, Monsieur de Sotenville, vous avez
des indulgences qui n'appartiennent qu'à vous, &
vous ne sçavez pas vous faire rendre par les gens ce
qui vous est deu.

Mr DE SOTENVILLE.

Corbleu, pardonnez-moy, on ne peut point me
faire de leçons là-dessus, & j'ay sçeu montrer en
ma vie par vingt actions de vigueur, que je ne suis
point homme à démordre jamais d'une partie de mes
pretentions. Mais il suffit de luy avoir donné un petit avertissement. Sçachons un peu, mon gendre, ce
que vous avez dans l'esprit.

GEORGE DANDIN.

Puisqu'il faut donc parler cathegoriquement, je
vous diray, Monsieur de Sotenville, que j'ay lieu de...

Mr DE SOTENVILLE.

Doucement, mon gendre. Apprenez qu'il n'est
pas respectueux d'appeller les gens par leur nom, &
qu'à ceux qui sont au dessus de nous il faut dire Monsieur tout court.

GEORGE DANDIN.

Hé bien, Monsieur tout court, & non plus
Monsieur de Sotenville, j'ay à vous dire que ma
femme me donne....

Mr DE SOTENVILLE.

Tout beau. Aprenez aussi que vous ne devez pas
dire ma femme, quand vous parlez de nostre fille.

GEORGE DANDIN.

J'enrage. Comment, ma femme n'est pas ma femme ?

Me DE SOTENVILLE.

Oüy, nostre gendre, elle est vostre femme ; mais
il ne vous est pas permis de l'appeller ainsi, & c'est
tout ce que vous pourriez faire, si vous aviez épousé
une de vos pareilles.

G E O R-

G E O R G E   D A N D I N.

Ah! George Dandin, où t'es-tu fourré ? Et de grace, mettez pour un moment voſtre Gentilhommerie à coſté, & ſouffrez que je vous parle maintenant comme je pourray. Au diantre ſoit la tyrannie de toutes ces hiſtoires-là. Je vous dis donc que je ſuis mal ſatisfait de mon mariage.

Mr D E   S O T E N V I L L E.

Et la raiſon, mon gendre.

Me D E   S O T E N V I L L E.

Quoy parler ainſi d'une choſe dont vous avez tiré de ſi grands avantages ?

G E O R G E   D A N D I N.

Et quels avantages, Madame, puiſque Madame y a? L'avanture n'a pas eſté mauvaiſe pour vous , car ſans moy vos affaires , avec voſtre permiſſion, eſtoient fort délabrées , & mon argent a ſervy à reboucher d'aſſez bons trous ; mais moy dequoy y ay-je profité , je vous prie, que d'un alongement de nom , & au lieu de George Dandin , d'avoir receu par vous le titre de Monſieur de la Dandiniere ?

Mr D E   S O T E N V I L L E.

Ne contez-vous rien, mon gendre, l'avantage d'eſtre allié à la maiſon de Sotenville ?

Me D E   S O T E N V I L L E.

Et à celle de la Prudoterie , dont j'ay l'honneur d'eſtre iſſuë. Maiſon où le ventre anoblit : & qui par ce beau privilege rendra vos enfans Gentilshommes.

G E O R G E   D A N D I N.

Oüy, voila qui eſt bien, mes enfans ſeront Gentilshommes, mais je ſeray cocu moy, ſi l'on n'y met ordre.

Mr D E   S O T E N V I L L E.

Que veut dire cela, mon gendre ?

G E O R G E   D A N D I N.

Cela veut dire que voſtre fille ne vit pas comme il faut qu'une femme vive, & qu'elle fait des choſes qui ſont contre l'honneur.

Mᶜ DE SOTENVILLE.

Tout beau. Prenez garde à ce que vous dites. Ma fille est d'une race trop pleine de vertu pour se porter jamais à faire aucune chose dont l'honnesteté soit blessée, & de la maison de la Prudoterie, il y a plus de trois cens ans qu'on n'a point remarqué qu'il y ait eu de femme, Dieu mercy, qui ait fait parler d'elle.

Mʳ DE SOTENVILLE.

Corbleu, dans la maison de Sotenville on n'a jamais veu de coquette, & la bravoure n'y est pas plus hereditaire aux masles, que la chasteté aux femelles.

Mᶜ DE SOTENVILLE.

Nous avons eu une Jacqueline de la Prudoterie qui ne voulut jamais estre la Maitresse d'un Duc & Pair, Gouverneur de nostre Province.

Mʳ DE SOTENVILLE.

Il y a eu une Mathurine de Sotenville qui refusa vingt mille écus d'un Favory du Roy, qui ne luy demandoit seulement que la faveur de luy parler.

GEORGE DANDIN.

Ho bien vostre fille n'est pas si difficile que cela, & elle s'est apprivoisée depuis qu'elle est chez moy.

Mʳ DE SOTENVILLE.

Expliquez vous, mon gendre, nous ne sommes point gens à la supporter dans de mauvaises actions, & nous serons les premiers, sa mere & moy, à vous en faire la justice.

Mᶜ DE SOTENVILLE.

Nous n'entendons point raillerie sur les matieres de l'honneur, & nous l'avons élevée dans toute la severité possible.

GEORGE DANDIN.

Tout ce que je vous puis dire, c'est qu'il y a icy un certain Courtisan que vous avez veu, qui est amoureux d'elle à ma barbe, & qui luy a fait faire des protestations d'amour, qu'elle a tres-humainement écoutées.

Mᶜ D E

M^e D E   S O T E N V I L L E.

Jour de Dieu, je l'étranglerois de mes propres mains, s'il falloit qu'elle forlignaft de l'honnefteté de fa mere.

M^r D E   S O T E N V I L L E.

Corbleu, je luy pafferois mon épée au travers du corps, à elle & au galant, fi elle avoit forfait à fon honneur.

G E O R G E   D A N D I N.

Je vous ay dit ce qui fe paffe pour vous faire mes plaintes, & je vous demande raifon de cette affaire-là.

M^r D E   S O T E N V I L L E.

Ne vous tourmentez point, je vous la feray de tous deux, & je fuis homme pour ferrer le bouton à qui que ce puiffe eftre. Mais eftes-vous pas bien feur auffi de ce que vous nous dites.

G E O R G E   D A N D I N.

Tres-feur.

M^r D E   S O T E N V I L L E.

Prenez bien garde au moins, car entre Gentils-hommes, ce font des chofes chatoüilleufes, & il n'eft pas queftion d'aller faire icy un pas de Clerc.

G E O R G E   D A N D I N.

Je ne vous ay rien dit, vous dis-je, qui ne foit ve-ritable.

M^r D E   S O T E N V I L L E.

Mamour, allez-vous en parler à voftre fille, tandis qu'avec mon gendre j'iray parler à l'homme.

M^e D E   S O T E N V I L L E.

Se pourroit-il, mon fils, qu'elle s'oubliaft de la forte, aprés le fage exemple que vous fçavez vous-mefme que je luy ay donné.

M^r D E   S O T E N V I L L E.

Nous allons éclaircir l'affaire. Suivez-moy, mon gendre, & ne vous mettez pas en peine, vous verrez de quel bois nous nous chauffons lors qu'on s'atta-que à ceux qui nous peuvent appartenir.

                    G E O R.

GEORGE DANDIN.

Le voicy qui vient vers nous.

SCENE V.

Mr DE SOTENVILLE, CLITANDRE, GEORGE DANDIN.

Mr DE SOTENVILLE.

MOnſieur, ſuis-je connu de vous ?

CLITANDRE.

Non pas que je ſçache, Monſieur.

Mr DE SOTENVILLE.

Je m'appelle le Baron de Sotenville.

CLITANDRE.

Je m'en réjoüis fort.

Mr DE SOTENVILLE.

Mon nom eſt connu à la Cour, & j'eus l'honneur dans ma jeuneſſe de me ſignaler des premiers à l'arriere-ban de Nancy.

CLITANDRE.

A la bonne heure.

Mr DE SOTENVILLE.

Monſieur, mon pere Jean-Gilles de Sotenville eut la gloire d'aſſiſter en perſonne au grand ſiege de Montauban.

CLITANDRE.

J'en ſuis ravy.

Mr DE SOTENVILLE.

Et j'ay eu un ayeul Bertrand de Sotenville, qui fut ſi conſideré en ſon temps, que d'avoir permiſſion de vendre tout ſon bien pour le voyage d'outre-mer.

CLITANDRE.

Je le veux croire.

Mr DE SOTENVILLE.

Il m'a eſté rapporté, Monſieur, que vous aimez & pourſuivez une jeune perſonne, qui eſt ma fille pour laquelle je m'intereſſe, & pour l'homme

que

que vous voyez, qui a l'honneur d'eſtre mon gendre.

CLITANDRE.

Qui moy?

Mr DE SOTENVILLE.

Oüy. Et je ſuis bienaiſe de vous parler, pour tirer de vous, s'il vous plaiſt, un éclairciſſement de cette affaire.

CLITANDRE.

Voila une étrange médiſance. Qui vous a dit cela, Monſieur?

Mr DE SOTENVILLE.

Quelqu'un qui croit le bien ſçavoir.

CLITANDRE.

Ce quelqu'un-là en a menty. Je ſuis honneſte homme. Me croyez-vous capable, Monſieur, d'une action auſſi laſche que celle-là? Moy aimer une jeune & belle perſonne, qui a l'honneur d'eſtre la fille de Monſieur le Baron de Sotenville? Je vous revere trop pour cela, & ſuis trop voſtre ſerviteur. Quiconque vous l'a dit, eſt un ſot.

Mr DE SOTENVILLE.

Allons, mon gendre.

GEORGE DANDIN.

Quoy?

CLITANDRE.

C'eſt un coquin & un maraut.

Mr DE SOTENVILLE.

Répondez.

GEORGE DANDIN.

Répondez vous-meſme.

CLITANDRE.

Si je ſçavois qui ce peut eſtre, je luy donnerois en voſtre preſence de l'épée dans le ventre.

Mr DE SOTENVILLE.

Souſtenez donc la choſe.

GEORGE DANDIN.

Elle eſt toute ſouſtenuë, cela eſt vray.

CLITANDRE.

Eſt-ce voſtre gendre, Monſieur, qui...

Mr DE SOTENVILLE.

Oüy, c'eſt luy-meſme qui s'en eſt plaint à moy.

CLITANDRE.

Certes, il peut remercier l'avantage qu'il a de vous
appartenir, & ſans cela je luy apprendrois bien à tenir de pareils diſcours d'une perſonne comme moy.

SCENE VI.

Mr ET Mc DE SOTENVILLE, ANGE-
LIQUE, CLITANDRE, GEORGE
DANDIN, CLAUDINE.

Mc DE SOTENVILLE.

POur ce qui eſt de cela, la jalouſie eſt une étrange
choſe ! J'amene icy ma fille pour éclaircir l'affaire
en preſence de tout le monde.

CLITANDRE.

Eſt-ce donc vous, Madame, qui avez dit à voſtre
mary que je ſuis amoureux de vous ?

ANGELIQUE.

Moy? & comment luy aurois-je dit ? Eſt-ce que cela eſt ? Je voudrois bien le voir vrayment que vous
fuſſiez amoureux de moy. Joüez-vous-y, je vous en
prie, vous trouverez à qui parler. C'eſt une choſe que
je vous conſeille de faire : Ayez recours pour voir à
tous les détours des Amans. Eſſayez un peu par plaiſir
à m'envoyer des ambaſſades, à m'écrire ſecretement
de petits billets doux, à épier les momens que mon
mary n'y ſera pas, ou le temps que je ſortiray pour
me parler de voſtre amour. Vous n'avez qu'à y venir,
je vous promets que vous ſerez receu comme il faut.

CLITANDRE.

Hé là là, Madame, tout doucement. Il n'eſt pas
neceſſaire de me faire tant de leçons, & de vous tant
ſcandaliſer. Qui vous dit que je ſonge à vous aimer ?

ANGELIQUE.

Que ſçay-je moy ce qu'on me vient conter icy ?

CLI-

CLITANDRE.

On dira ce que l'on voudra. Mais vous fçavez fi je vous ay parlé d'amour lors que je vous ay rencontrée.

ANGELIQUE.

Vous n'aviez qu'à le faire, vous auriez efté bien venu.

CLITANDRE.

Je vous affeure qu'avec moy vous n'avez rien à craindre. Que je ne fuis point homme à donner du chagrin aux Belles, & que je vous refpecte trop, & vous & Meffieurs vos parens, pour avoir la penfée d'eftre amoureux de vous.

Me DE SOTENVILLE.

Hé bien vous le voyez.

Mr DE SOTENVILLE.

Vous voila fatisfait, mon gendre, que dites-vous à cela?

GEORGE DANDIN.

Je dis que ce font là des contes à dormir debout. Que je fçay bien ce que je fçay, & que tantoft, puifqu'il faut parler, elle a receu une ambaffade de fa part.

ANGELIQUE.

Moy, j'ay receu une ambaffade?

CLITANDRE.

J'ay envoyé une ambaffade?

ANGELIQUE.

Claudine.

CLITANDRE.

Eft-il vray?

CLAUDINE.

Par ma foy voila une étrange fauffeté.

GEORGE DANDIN.

Taifez-vous, carogne que vous eftes. Je fçay de vos nouvelles, & c'eft vous qui tantoft avez introduit le Courier.

CLAUDINE.

Qui moy?

GEOR-

GEORGE DANDIN.

Oüy vous. Ne faites point tant la sucrée.

CLAUDINE.

Helas ! que le monde aujourd'huy est remply de meschanceté, de m'aller soupçonner ainsi, moy qui suis l'innocence mesme.

GEORGE DANDIN.

Taisez-vous, bonne piece. Vous faites la sournoise. Mais je vous connois il y a long-temps, & vous estes une dessalée.

CLAUDINE.

Madame est-ce que ...

GEORGE DANDIN.

Taisez-vous, vous dis-je, vous pourriez bien porter la folle-enchere de tous les autres. Et vous n'avez point de pere Gentilhomme.

ANGELIQUE.

C'est une imposture si grande, & qui me touche si fort au cœur, que je ne puis pas mesme avoir la force d'y répondre ; cela est bien horrible d'estre accusée par un mary lors qu'on ne luy fait rien qui ne soit à faire. Helas ! si je suis blasmable de quelque chose, c'est d'en user trop bien avec luy.

CLAUDINE.

Asseurément.

ANGELIQUE.

Tout mon malheur est de le trop considerer, & plust au Ciel que je fusse capable de souffrir, comme il dit, les galanteries de quelqu'un , je ne serois pas tant à plaindre. Adieu, je me retire, & je ne puis plus endurer qu'on m'outrage de cette sorte.

Me DE SOTENVILLE.

Allez, vous ne meritez pas l'honneste femme qu'on vous a donnée.

CLAUDINE.

Par ma foy , il meriteroit qu'elle luy fist dire vray, & si j'estois en sa place je n'y marchanderois pas. Oüy, Monsieur, vous devez, pour le punir, faire

l'amour

l'amour à ma Maiſtreſſe. Pouſſez, c'eſt moy qui vous
le dy, ce ſera fort bien employé, & je m'offre à vous y
ſervir, puiſqu'il m'en a déja taxée.

Mr DE SOTENVILLE.

Vous meritez , mon gendre, qu'on vous diſe ces
choſes-là, & voſtre procedé met tout le monde contre
vous.

Me DE SOTENVILLE.

Allez, ſongez à mieux traiter une Demoiſelle bien
née , & prenez garde deſormais à ne plus faire de pareilles beveuës,

GEORGE DANDIN.

J'enrage de bon cœur d'avoir tort , lors que j'ay
raiſon.

CLITANDRE.

Monſieur, vous voyez comme j'ay eſté fauſſement
accuſé. Vous eſtes homme qui ſçavez les maximes du
point d'honneur , & je vous demande raiſon de l'affront qui m'a eſté fait.

Mr DE SOTENVILLE.

Cela eſt juſte, & c'eſt l'ordre des procedez. Allons,
mon gendre, faites ſatisfaction à Monſieur.

GEORGE DANDIN.

Comment ſatisfaction ?

Mr DE SOTENVILLE.

Oüy. Cela ſe doit dans les regles pour l'avoir à
tort accuſé.

GEORGE DANDIN.

C'eſt une choſe moy dont je ne demeure pas d'ac-
cord de l'avoir à tort accuſe , & je ſçay bien ce que
j'en penſe.

Mr DE SOTENVILLE.

Il n'importe. Quelque penſée qui vous puiſſe
reſter , il a nié, c'eſt ſatisfaire les perſonnes , &
l'on n'a nul droit de ſe plaindre de tout homme qui
ſe dédit.

GEORGE DANDIN.

Si bien donc que ſi je le trouvois couché avec ma
femme,

femme, il en seroit quitte pour se dédire.

MᵣDE SOTENVILLE.

Point de raisonnement. Faites-luy les excuses que je vous dis.

GEORGE DANDIN.

Moy, je luy feray encore des excuses aprés…

MᵣDE SOTENVILLE.

Allons vous dis-je. Il n'y a rien à balancer, & vous n'avez que faire d'avoir peur d'en trop faire, puisque c'est moy qui vous conduis.

GEORGE DANDIN.

Je ne sçaurois ….

MᵣDE SOTENVILLE.

Corbleu, mon gendre, ne m'échauffez pas la bile, je me mettrois avec luy contre vous. Allons. Laissez-vous gouverner par moy.

GEORGE DANDIN.

Ah George Dandin !

MᵣDE SOTENVILLE.

Vostre bonnet à la main le premier, Monsieur est Gentilhomme, & vous ne l'estes pas.

GEORGE DANDIN.

J'enrage.

MᵣDE SOTENVILLE.

Repetez aprés moy. Monsieur.

GEORGE DANDIN.

Monsieur.

MᵣDE SOTENVILLE.

Il voit que son gendre fait difficulté de luy obeïr.
Je vous demande pardon. Ah !

GEORGE DANDIN.

Je vous demande pardon.

MᵣDE SOTENVILLE.

Des mauvaises pensées que j'ay euës de vous.

GEORGE DANDIN.

Des mauvaises pensées que j'ay euës de vous.

MᵣDE SOTENVILLE.

C'est que je n'avois pas l'honneur de vous con-noistre.   GEOR-

GEORGE DANDIN.
C'eſt que je n'avois pas l'honneur de vous connoiſtre.

Mr DE SOTENVILLE.
Et je vous prie de croire

GEORGE DANDIN.
Et je vous prie de croire.

Mr DE SOTENVILLE.
Que je ſuis voſtre ſerviteur.

GEORGE DANDIN.
Voulez-vous que je ſois ſerviteur d'un homme qui
me veut faire cocu ?

Mr DE SOTENVILLE.
Il le menace encore.
Ah !

CLITANDRE.
Il ſuffit, Monſieur.

Mr DE SOTENVILLE.
Non, je veux qu'il acheve, & que tout aille dans
les formes. Que je ſuis voſtre ſerviteur.

GEORGE DANDIN.
Que je ſuis voſtre ſerviteur.

CLITANDRE.
Monſieur, je ſuis le voſtre de tout mon cœur, & je
ne ſonge plus à ce qui s'eſt paſſé. Pour vous, Monſieur,
je vous donne le bonjour, & ſuis faſché du petit chagrin que vous avez eu.

Mr DE SOTENVILLE.
Je vous baiſe les mains, & quand il vous plaira, je
vous donneray le divertiſſement de courre un liévre.

CLITANDRE.
C'eſt trop de grace que vous me faites.

Mr DE SOTENVILLE.
Voila, mon gendre, comme il faut pouſſer les choſes. Adieu. Sçachez que vous eſtes entré dans une famille qui vous donnera de l'appuy, & ne ſouffrira
point que l'on vous faſſe aucun affront.

SCE-

SCENE VII.

GEORGE DANDIN.

AH que je .... vous l'avez voulu, vous l'avez voulu, George Dandin, vous l'avez voulu, cela vous sied fort bien, & vous voila ajusté comme il faut, vous avez justement ce que vous meritez. Allons, il s'agit seulement de desabuser le pere & la mere, & je pourray trouver peut-estre quelque moyen d'y reüssir.

ACTE

A·C T E II.

SCENE PREMIERE.

CLAUDINE, LUBIN.

CLAUDINE.

Uy j'ay bien deviné qu'il falloit que cela vinst de toy, & que tu l'eusses dit à
quelqu'un qui l'ait raporté à nostre
Maistre.

LUBIN.

Par ma foy je n'en ay touché qu'un petit mot en
passant à un homme, afin qu'il ne dist point qu'il
m'avoit veu sortir, & il faut que les gens en ce païs-cy
soient de grands babillards.

CLAUDINE.

Vrayment ce Monsieur le Vicomte a bien choisi
son monde que de te prendre pour son Ambassadeur,
& il s'est allé servir là d'un homme bien chanceux.

LUBIN.

Va, une autre fois je seray plus fin, & je prendray
mieux garde à moy.

CLAUDINE.

Oüy, oüy, il sera temps.

LUBIN.

Ne parlons plus de cela, écoute.

CLAUDINE.

Que veux-tu que j'écoute ?

LUBIN.

Tourne un peu ton visage devers moy.

CLAUDINE.

Hé bien qu'est-ce ?

LUBIN.

Claudine.

CLAUDINE.

Quoy ?

Lu-

LUBIN.
Hé la, ne fçais-tu pas bien ce que je veux dire ?
CLAUDINE.
Non.
LUBIN.
Morgué je t'aime.
CLAUDINE,
Tout de bon ?
LUBIN.
Oüy le diable m'emporte, tu me peux croire, puis
que j'en jure.
CLAUDINE.
A la bonne heure.
LUBIN.
Je me fens tout triboüiller le cœur quand je te re-
garde.
CLAUDINE.
Je m'en réjoüis.
LUBIN.
Comment eft-ce que tu fais pour eftre fi jolie ?
CLAUDINE.
Je fais comme font les autres.
LUBIN.
Vois tu, il ne faut point tant de beurre pour faire
un quartron. Si tu veux tu feras ma femme, je feray
ton mary, & nous ferons tous deux mary & femme.
CLAUDINE.
Tu ferois peut-eftre jaloux comme noftre Maiftre.
LUBIN.
Point.
CLAUDINE.
Pour moy je hais les maris foupçonneux, & j'en
veux un qui ne s'épouvante de rien, un fi plein de
confiance, & fi feur de ma chafteté, qu'il me vift fans
inquietude au milieu de trente hommes.
LUBIN.
Hé bien, je feray tout comme cela.

CLAU-

C L A U D I N E.

C'eſt la plus ſotte choſe du monde que de ſe def-
fier d'une femme , & de la tourmenter. La verité de
l'affaire eſt qu'on n'y gagne rien de bon. cela nous
fait ſonger à mal,& ce ſont ſouvent les marys qui avec
leurs vacarmes ſe font eux meſmes ce qu'ils ſont.

L U B I N.

Hé bien, je te donneray la liberté de faire tout ce
qu'il te plaira.

C L A U D I N E.

Voila comme il faut faire pour n'eſtre point trom-
pé. Lors qu'un mary ſe met à noſtre diſcretion, nous
ne prenons de liberté que ce qu'il nous en faut , & il
en eſt comme avec ceux qui nous ouvrent leur bource
& nous diſent, prenez. Nous en uſons honneſtement,
& nous nous contentons de la raiſon. Mais ceux qui
nous chicanent , nous nous efforçons de les tondre,
& nous ne les épargnons point.

L U B I N.

Va. Je feray de ceux qui ouvrent leur bource , &
tu n'as qu'à te marier avec moy.

C L A U D I N E.

Hé bien bien nous verrons.

L U B I N.

Vien donc icy , Claudine.

C L A U D I N E.

Que veux-tu ?

L U B I N.

Vien, te dis-je.

C L A U D I N E.

Ah ! doucement. Je n'aime pas les patineurs.

L U B I N.

Eh un petit brin d'amitié.

C L A U D I N E.

Laiſſe moy là, te dis-je , je n'entends pas raillerie.

L U B I N.

Claudine.

B   CLAU-

CLAUDINE.

Ahy !

LUBIN.

Ah ! que tu es rude à pauvres gens. Fy, que cela est mal honneste de refuser les personnes. N'as-tu point de honte d'estre belle , & de ne vouloir pas qu'on te caresse? Eh-là.

CLAUDINE.

Je te donneray sur le nez.

LUBIN.

Oh la farouche. La sauvage. Fy poüia la vilaine qui est cruelle.

CLAUDINE.

Tu t'émancipes trop.

LUBIN.

Qu'est-ce que cela te cousteroit de me laisser un peu faire ?

CLAUDINE.

Il faut que tu te donnes patience.

LUBIN.

Un petit baiser seulement en rabattant sur nostre mariage.

CLAUDINE.

Je suis vostre Servante.

LUBIN.

Claudine, je t'en prie, sur l'et-tant-moins.

CLAUDINE.

Eh que nenny. J'y ay déja esté attrapée. Adieu. Va-t'en , & dis à Monsieur le Vicomte que j'auray soin de rendre son billet.

LUBIN.

Adieu beauté rude asniere.

CLAUDINE.

Le mot est amoureux.

LUBIN.

Adieu rocher , caillou, pierre de taille , & tout ce qu'il y a de plus dur au monde.

CLAU-

CLAUDINE.

Je vais remettre aux mains de ma Maiſtreſſe...Mais
la voicy avec ſon Mary, éloignons-nous, & atten-
dons qu'elle ſoit ſeule.

SCENE II.

GEORGE DANDIN, ANGELIQUE, CLITANDRE,

GEORGE DANDIN.

NOn non, on ne m'abuſe pas avec tant de facilité,
& je ne ſuis que trop certain que le rapport que
l'on m'a fait eſt veritable. J'ay de meilleurs yeux
qu'on ne penſe, & voſtre galimatias ne m'a point
tantoſt ébloüy.

CLITANDRE.

Ah la voila. Mais le mary eſt avec elle.

GEORGE DANDIN.

Au travers de toutes vos grimaces, j'ay veu la verité de ce que l'on m'a dit, & le peu de reſpeȼt que
vous avez pour le nœud qui nous joint. Mon Dieu
laiſſez là voſtre reverence, ce n'eſt pas de ces ſortes
de reſpeȼt dont je vous parle, & vous n'avez que faire
de vous moquer.

ANGELIQUE.

Moy, me moquer ! en aucune façon.

GEORGE DANDIN.

Je ſçay voſtre penſée, & connois.... Encore ? ah
ne raillons pas davantage ! je n'ignore pas qu'à cauſe
de voſtre nobleſſe vous me tenez fort au deſſous
de vous, & le reſpeȼt que je vous veux dire ne regarde point ma perſonne. J'entens parler de celuy
que vous devez à des nœuds auſſi venerables que le
ſont ceux du mariage. Il ne faut point lever les épaules, & je ne dis point de ſottiſes.

ANGELIQUE.

Qui ſonge à lever les épaules ?

GEORGE DANDIN.

Mon Dieu nous voyons clair. Je vous dis encore une fois que le mariage est une chaisne à laquelle on doit porter toute sorte de respect, & que c'est fort mal fait à vous d'en user comme vous faites. Oüy oüy mal fait à vous. & vous n'avez que faire de hocher la teste, & de me faire la grimace.

ANGELIQUE.

Moy ! je ne sçay ce que vous voulez dire.

GEORGE DANDIN.

Je le sçay fort bien moy, & vos mépris me sont connus. Si je ne suis pas né noble, au moins suis-je d'une race où il n'y a point de reproche, & la famille des Dandins....

CLITANDRE.

Derriere Angelique sans estre apperceu de Dandin.
Un moment d'entretien.

GEORGE DANDIN.

Eh ?

ANGELIQUE.

Quoy ? Je ne dis mot.

GEORGE DANDIN.

Le voila qui vient roder autour de vous.

ANGELIQUE.

Hé bien est-ce ma faute ? Que voulez-vous que j'y fasse ?

GEORGE DANDIN.

Je veux que vous y fassiez ce que fait une femme qui ne veut plaire qu'à son mary. Quoy qu'on en puisse dire, les Galans n'obsedent jamais que quand on le veut bien, il y a un certain air doucereux qui les attire ainsi que le miel fait les mouches, & les honnestes femmes ont des manieres qui les sçavent chasser d'abord.

ANGELIQUE.

Moy les chasser ? & par quelle raison ? je ne me scandalise point qu'on me trouve bien faite, & cela me fait du plaisir.

GEOR-

GEORGE DANDIN.

Oüy. Mais quel perſonnage voulez-vous que joüe un mary pendant cette galanterie ?

ANGELIQUE.

Le perſonnage d'un honneſte homme qui eſt bien-aiſe de voir ſa femme conſiderée.

GEORGE DANDIN.

Je ſuis voſtre valet. Ce n'eſt pas là mon conte , & les Dandins ne ſont point accouſtumez à cette mode-là.

ANGELIQUE.

Oh les Dandins s'y accouſtumeront s'ils veulent. Car pour moy je vous declare que mon deſſein n'eſt pas de renoncer au monde , & de m'enterrer toute vive dans un mary. Comment , parce qu'un homme s'aviſe de nous épouſer, il faut d'abord que toutes choſes ſoient finies pour nous,& que nous rompions tout commerce avec les vivans ? c'eſt une choſe mer-veilleuſe que cette tyrannie de Meſſieurs les marys, & je les trouve bons de vouloir qu'on ſoit morte à tous les divertiſſemens , & qu'on ne vive que pour eux. Je me moque de cela , & ne veux point mourir ſi jeune.

GEORGE DANDIN.

C'eſt ainſi que vous ſatisfaites aux engagemens de la foy que vous m'avez donnée publiquement.

ANGELIQUE.

Moy ? je ne vous l'ay point donnée de bon cœur,& vous me l'avez arrachée. M'avez-vous avant le ma-riage demandé mon conſentement , & ſi je voulois bien de vous ? Vous n'avez conſulté pour cela que mon pere & ma mere, ce ſont eux proprement qui vous ont épouſé, & c'eſt pourquoy vous ferez bien de vous plaindre toujours à eux des torts que l'on pour-ra vous faire. Pour moy qui ne vous ay point dit de vous marier avec moy , & que vous avez priſe ſans conſulter mes ſentimens, je pretens n'eſtre point obli-gée à me ſoumettre en eſclave à vos volontez , & je veux joüir, s'il vous plaift, de quelque nombre de beaux jours que m'offre la jeuneſſe ; prendre les douces libertez, que l'âge me permet, voir un peu le beau monde, & goufter le plaifir de m'oüir dire des douceurs. Preparez-vous y pour voftre punition, & rendez graces au Ciel de ce que je ne fuis pas capable de quelque chofe de pis.

GEORGE DANDIN.

Oüy ! c'eft ainfi que vous le prenez. Je fuis voftre mary, & je vous dis que je n'entens pas cela.

ANGELIQUE.

Moy je fuis voftre femme, & je vous dis que je l'entens.

GEORGE DANDIN.

Il me prend des tentations d'accommoder tout fon vifage à la compofte, & le mettre en eftat de ne plaire de fa vie aux difeurs de fleurettes. Ah ! allons, George Dandin, je ne pourrois me retenir, & il vaut mieux quitter la place.

SCENE III.
CLAUDINE, ANGELIQUE.

CLAUDINE.

J'Avois, Madame, impatience qu'il s'en allaft pour vous rendre ce mot de la part que vous fçavez.

ANGELIQUE.

Voyons.

CLAUDINE.

A ce que je puis remarquer, ce qu'on luy dit ne luy déplaift pas trop.

ANGELIQUE.

Ah Claudine que ce billet s'explique d'une façon galante ! que dans tous leurs difcours, & dans toutes leurs actions les gens de Cour ont un air agreable ! & qu'eft-ce que c'eft auprés d'eux que nos gens de Province ?

CLAU-

CLAUDINE.

Je croy qu'aprés les avoir veus, les Dandins ne vous
plaisent gueres.

ANGELIQUE.

Demeure icy , je m'en vais faire la réponse.

CLAUDINE.

Je n'ay pas besoin, que je pense, de luy recomman-
der de la faire agreable. Mais voicy...

S C E N E   IV.

CLITANDRE, LUBIN, CLAUDINE.

CLAUDINE.

VRayment, Monsieur , vous avez pris là un habile
messager.

CLITANDRE.

Je n'ay pas osé envoyer de mes gens, mais, ma pauvre Claudine, il faut que je te recompense des bons
offices que je sçay que tu m'as rendus.

CLAUDINE.

Eh ! Monsieur il n'est pas necessaire. Non, Monsieur , vous n'avez que faire de vous donner cette peine-là , & je vous rends service , parce que vous
le meritez , & que je me sens au cœur de l'inclina-
tion pour vous.

CLITANDRE.

Je te suis obligé.

LUBIN.

Puis que nous serons mariez , donne moy cela que
je le mette avec le mien.

CLAUDINE.

Je te le garde aussi-bien que le baiser.

CLITANDRE.

Dy-moy, as-tu rendu mon billet à ta belle Maistresse ?

CLAUDINE.

Oüy, elle est allée y répondre.

CLITANDRE.

Mais, Claudine, n'y a-t-il pas moyen que je la puiſſe entretenir ?

CLAUDINE.

Oüy, venez avec moy, je vous feray parler à elle.

CLITANDRE.

Mais le trouvera-t-elle bon , & n'y a-t-il rien à ri-
ſquer ?

CLAUDINE.

Non, non, ſon mary n'eſt pas au logis , & puis , ce
n'eſt pas luy qu'elle a le plus à ménager, c'eſt ſon pere
& ſa mere, & pourveu qu'ils ſoient prevenus , tout le
reſte n'eſt point à craindre.

CLITANDRE.

Je m'abandonne à ta conduite.

LUBIN.

Teſtiguenne que j'auray là une habile femme, elle
a de l'eſprit comme quatre.

SCENE III.

GEORGE DANDIN , LUBIN.

GEORGE DANDIN.

Voicy mon homme de tantoſt. Pluſt au Ciel qu'il
puſt ſe reſoudre à vouloir rendre témoignage au
pere & à la mere de ce qu'ils ne veulent point croire.

LUBIN.

Ah vous voila Monſieur le babillard, à qui j'avois
tant recommandé de ne point parler , & qui me l'a-
viez tant promis. Vous eſtes donc un cauſeur, & vous
allez redire ce que l'on vous dit en ſecret.

GEORGE DANDIN.

Moy ?

LUBIN.

Oüy. Vous avez eſté tout rapporter au mary. Et
vous eſtes cauſe qu'il a fait du vacarme. Je ſuis bien-
aiſe de ſçavoir que vous avez de la langue, & cela
m'apprendra à ne vous plus rien dire.

GEOR-

G E O R G E   D A N D I N.
Ecoute, mon amy.

L U B I N.
Si vous n'aviez point babillé, je vous aurois conté ce
qui se passe à cette heure, mais pour voftre punition
vous ne sçaurez rien du tout.

G E O R G E   D A N D I N.
Comment? Qu'est-ce qui se passe?

L U B I N.
Rien, rien. Voila ce que c'est d'avoir causé, vous n'en
tasterez plus, & je vous laisse sur la bonne bouche.

G E O R G E   D A N D I N.
Arreste un peu.

L U B I N.
Point.

G E O R G E   D A N D I N.
Je ne te veux dire qu'un mot.

L U B I N.
Nennin, nennin, vous avez envie de me tirer les
vers du nez.

G E O R G E   D A N D I N.
Non, ce n'est pas cela.

L U B I N.
Eh quelque sot. Je vous vois venir.

G E O R G E   D A N D I N.
C'est autre chose. Ecoute.

L U B I N.
Point d'affaire. Vous voudriez que je vous disse
que Monsieur le Vicomte vient de donner de l'argent
à Claudine, & qu'elle l'a mené chez sa Maistresse.
Mais je ne suis pas si beste.

G E O R G E   D A N D I N.
De grace.

L U B I N.
Non.

G E O R G E   D A N D I N.
Je te donneray....

L U B I N.
Tarare.　　　　　B 5　　　　　S C E-

SCENE VI.

GEORGE DANDIN.

JE n'ay pû me fervir avec cet innocent de la penfée que j'avois. Mais le nouvel avis qui luy eft échapé feroit la mefme chofe, & fi le Galant eft chez moy ce feroit pour avoir raifon aux yeux du pere & de la mere, & les convaincre pleinement de l'effronterie de leur fille. Le mal de tout cecy c'eft que je ne fçay comment faire pour profiter d'un tel avis. Si je rentre chez moy, je feray évader le drôle, & quelque chofe que je puiffe voir moy-mefme de mon des-honneur, je n'en feray point creu à mon ferment, & l'on me dira que je refve. Si d'autre part je vay querir beau-pere & belle-mere fans eftre feur de trouver chez moy le Galant, ce fera la mefme chofe, & je retomberay dans l'inconvenient de tantoft. Pourrois-je point m'éclaircir doucement s'il y eft encore? Ah Ciel! il n'en faut plus douter,& je viens de l'appercevoir par le trou de la porte. Le fort me donne icy dequoy confondre ma partie, & pour achever l'avanture il fait venir à point nommé les Juges dont j'avois befoin.

SCENE VII.

MONSIEUR ET MADAME DE SOTENVILLE, GEORGE DANDIN.

GEORGE DANDIN.

ENfin vous ne m'avez pas voulu croire tantoft, & voftre fille l'a emporté fur moy. Mais j'ay en main dequoy vous faire voir comme elle m'accommode,& Dieu mercy mon des-honneur eft fi clair maintenant, que vous n'en pourrez plus douter.

Mr DE SOTENVILLE.

Comment, mon gendre, vous en eftes encore là-deffus?

GEOR-

GEORGE DANDIN.

Oüy j'y suis, & jamais je n'eus tant de sujet d'y eftre.

Me DE SOTENVILLE.

Vous nous venez encore étourdir la tefte ?

GEORGE DANDIN.

Oüy, Madame, & l'on fait bien pis à la mienne.

Mr DE SOTENVILLE.

Ne vous laffez-vous point de vous rendre importun?

GEORGE DANDIN.

Non. Mais je me laffe fort d'eftre pris pour dupe.

Me DE SOTENVILLE.

Ne voulez-vous point vous defaire de vos penfées extravagantes ?

GEORGE DANDIN.

Non, Madame, mais je voudrois bien me defaire d'une femme qui me des honore.

Me DE SOTENVILLE.

Jour de Dieu, noftre gendre, apprenez à parler.

Mr DE SOTENVILLE.

Corbleu cherchez des termes moins offençans que ceux-là.

GEORGE DANDIN.

Marchand qui perd ne peut rire.

Me DE SOTENVILLE.

Souvenez-vous que vous avez époufé une Demoi-felle.

GEORGE DANDIN.

Je m'en fouviens affez, & ne m'en fouviendray que trop.

Mr DE SOTENVILLE.

Si vous vous en fouvenez, fongez donc à parler d'elle avec plus de refpect.

GEORGE DANDIN.

Mais que ne fonge-t-elle plutoft à me traitter plus honneftement? Quoy, parce qu'elle eft Demoifelle, il faut qu'elle ait la liberté de me faire ce qui luy plaift, fans que j'ofe fouffler ?

B 6   Mr D E

Mr DE SOTENVILLE.

Qu'avez-vous donc, & que pouvez-vous dire? n'avez-vous pas veu ce matin qu'elle s'eſt deffenduë de connoiſtre celuy dont vous m'eſtiez venu parler?

GEORGE DANDIN.

Oüy. Mais vous, que pourrez-vous dire, ſi je vous fais voir maintenant que le Galant eſt avec elle?

Me DE SOTENVILLE.

Avec elle?

GEORGE DANDIN.

Oüy, avec elle, & dans ma maiſon.

Mr DE SOTENVILLE.

Dans voſtre maiſon?

GEORGE DANDIN.

Oüy. Dans ma propre maiſon.

Me DE SOTENVILLE.

Si cela eſt, nous ſerons pour vous contr'elle.

Mr DE SOTENVILLE.

Oüy. L'honneur de noſtre famille nous eſt plus cher que toute choſe, & ſi vous dites vray, nous la renoncerons pour noſtre ſang, & l'abandonnerons à voſtre colere.

GEORGE DANDIN.

Vous n'avez qu'à me ſuivre.

Me DE SOTENVILLE.

Gardez de vous tromper.

Mr DE SOTENVILLE.

N'allez pas faire comme tantoſt.

GEORGE DANDIN.

Mon Dieu, vous allez voir. Tenez. Ay-je menty?

SCENE VIII.

ANGELIQUE, CLITANDRE, CLAUDINE, Mr & Me DE SOTENVILLE, GEORGE DANDIN.

ANGELIQUE.

A Dieu. J'ay peur qu'on vous ſurprenne icy, & j'ay quelques meſures à garder.

C L I T A N D R E.

Promettez-moy donc , Madame , que je pourray vous parler cette nuit.

A N G E L I Q U E.

J'y feray mes efforts.

G E O R G E   D A N D I N.

Approchons doucement par derriere , & taschons de n'estre point veus.

C L A U D I N E.

Ah ! Madame, tout est perdu. Voila vostre pere, & vostre mere accompagnez de vostre mary.

C L I T A N D R E.

Ah Ciel !

A N G E L I Q U E.

Ne faites pas semblant de rien , & me laissez faire tous deux. Quoy vous osez en user de la sorte , aprés l'affaire de tantost , & c'est ainsi que vous dissimulez vos sentimens ? On me vient raporter que vous avez de l'amour pour moy , & que vous faites des desseins de me soliciter. J'en témoigne mon dépit , & m'explique à vous clairement en presence de tout le monde. Vous niez hautement la chose , & me donnez parole de n'avoir aucune pensée de m'offencer , & cependant le mesme jour vous prenez la hardiesse de venir chez moy me rendre visite. De me dire que vous m'aimez , & de me faire cent sots contes pour me persuader de répondre à vos extravagances ; comme si j'estois femme à violer la foy que j'ay donnée à un mary , & m'éloigner jamais de la vertu que mes parens m'ont enseignée. Si mon pere sçavoit cela , il vous apprendroit bien à tenter de ces entreprises. Mais une honneste femme n'aime point les éclats. Je n'ay garde de luy en rien dire , & je veux vous montrer que toute femme que je suis, j'ay assez de courage pour me vanger moy-mesme des offences que l'on me fait. L'action que vous avez faite n'est pas d'un Gentil-homme , & ce n'est pas en Gentilhomme auffi que je veux vous traitter.

Elle prend un baton, & bat fon mari au lieu de Clitandre qui fe met entre-deux.

CLITANDRE.

Ah, ah, ah, ah, ah. Doucement.

CLAUDINE.

Fort, Madame, frapez comme il faut.

ANGELIQUE.

S'il vous demeure quelque chofe fur le cœur, je fuis pour vous répondre.

CLAUDINE.

Aprenez à qui vous vous joüez.

ANGELIQUE.

Ah mon pere vous eftes là !

Mr DE SOTENVILLE.

Oüy, ma fille , & je voy qu'en fageffe , & en courage tu te montres un digne rejetton de la maifon de Sotenville. Vien ça , approche-toy que je t'embraffe.

Me DE SOTENVILLE.

Embraffe moy auffi ma fille. Las ! je pleure de joye, & reconnois mon fang aux chofes que tu viens de faire.

Mr DE SOTENVILLE.

Mon gendre , que vous devez eftre ravy & que cette avanture eft pour vous pleine de douceurs. Vous aviez un jufte fujet de vous allarmer , mais vos foupçons fe trouvent diffipez le plus avantageufement du monde.

Me DE SOTENVILLE.

Sans doute, noftre gendre , & vous devez maintenant eftre le plus content des hommes.

CLAUDINE.

Affeurément. Voila une femme celle-là , vous eftes trop heureux de l'avoir , & vous devriez baifer les pas où elle paffe.

GEORGE DANDIN.

Euh traiftreffe !

                                        Mr DE

Mʳ DE SOTENVILLE.

Qu'eſt-ce, mon gendre? Que ne remerciez-vous un peu voſtre femme, de l'amitié que vous voyez qu'elle montre pour vous?

ANGELIQUE.

Non non, mon pere, il n'eſt pas neceſſaire. Il ne m'a aucune obligation de ce qu'il vient de voir, & tout ce que j'en fais n'eſt que pour l'amour de moy-meſme.

Mʳ DE SOTENVILLE.

Où allez-vous, ma fille?

ANGELIQUE.

Je me retire, mon pere, pour ne me voir point obli-gée à recevoir ſes complimens.

CLAUDINE.

Elle a raiſon d'eſtre en colere. C'eſt une femme qui merite d'eſtre adorée, & vous ne la traittez pas com-me vous devriez.

GEORGE DANDIN.

Scelerate.

Mʳ DE SOTENVILLE.

C'eſt un petit reſſentiment de l'affaire de tantoſt, & cela ſe paſſera avec un peu de careſſe que vous luy ferez. Adieu, mon gendre, vous voila en eſtat de ne vous plus inquieter. Allez vous en faire la paix enſemble, & taſchez de l'apaiſer par des excuſes de voſtre emportement.

Mᵉ DE SOTENVILLE.

Vous devez conſiderer que c'eſt une jeune fille élevée à la vertu, & qui n'eſt point accouſtumée à ſe voir ſoupçonner d'aucune vilaine action. Adieu. Je ſuis ravie de voir vos deſordres finis, & des tranſ-ports de joye que vous doit donner ſa con-duite.

GEORGE DANDIN.

Je ne dis mot. Car je ne gagnerois rien à parler, & jamais il ne s'eſt rien veu d'egal à ma diſgrace. Oüy, j'admire mon mal-heur, & la ſubtile adreſſe de ma carogne de femme pour ſe donner toujours

raiſon

raiſon, & me faire avoir tort. Eſt-il poſſible que toujours j'auray du deſſous avec elle ; que les apparences
toujours tourneront contre moy, & que je ne parvien-
dray point à convaincre mon effrontée ? ô Ciel ! ſe-
conde mes deſſeins, & m'accorde la grace de faire voir
aux gens que l'on me deshonore.

ACTE III.
SCENE PREMIERE.
CLITANDRE, LUBIN.

CLITANDRE.

A nuit eſt avancée , & j'ay peur qu'il ne
ſoit trop tard. Je ne voy point à me con-
duire. Lubin !

LUBIN.
Monſieur ?

CLITANDRE.
Eſt-ce par icy ?

LUBIN.
Je penſe que oüy. Morgué voila une ſotte nuit ,
d'eſtre ſi noire que cela.

CLITANDRE.
Elle a tort aſſeurément. Mais ſi d'un coſté elle nous
empeſche de voir , elle empeſche de l'autre que nous
ne ſoyons veus.

LUBIN.
Vous avez raiſon. Elle n'a pas tant de tort. Je voudrois bien ſçavoir , Monſieur , vous qui eſtes ſçavant,
pourquoy il ne fait point jour la nuit ?

CLITANDRE.
C'eſt une grande queſtion , & qui eſt difficile. Tu
es curieux, Lubin.

LUBIN.
Oüy. Si j'avois eſtudié , j'aurois eſté ſonger à des
choſes où on n'a jamais ſongé.

C L I-

CLITANDRE.

Je le croy. Tu as la mine d'avoir l'esprit subtil &
penetrant.

LUBIN.

Cela est vray. Tenez. J'explique du Latin, quoy
que jamais je ne l'aye appris, & voyant l'autre jour
écrit sur une grande porte *Collegium*, je devinay que
cela vouloit dire College.

CLITANDRE.

Cela est admirable ! Tu sçais donc lire, Lubin ?

LUBIN.

Oüy. Je sçay lire la lettre moulée, mais je n'ay jamais sceu apprendre à lire l'écriture.

CLITANDRE.

Nous voicy contre la maison. C'est le signal que
m'a donné Claudine.

LUBIN.

Par ma foy c'est une fille qui vaut de l'argent, & je
l'aime de tout mon cœur.

CLITANDRE.

Aussi t'ay-je amené avec moy pour l'entretenir.

LUBIN.

Monsieur, je vous suis. ...

CLITANDRE.

Chut. J'entens quelque bruit.

SCENE II.

ANGELIQUE, CLAUDINE, CLITANDRE, LUBIN.

ANGELIQUE.

Claudine.

CLAUDINE.

Hé bien ?

ANGELIQUE.

Laisse la porte entre ouverte.

CLAUDINE.

Voila qui est fait.

                                CLI-

CLITANDRE.

Ce sont elles. St.

ANGELIQUE.

St.

LUBIN.

St.

CLAUDINE.

St.

CLITANDRE.

A Claudine.
Madame.

ANGELIQUE.

A Lubin.
Quoy ?

LUBIN.

A Angelique.
Claudine.

CLAUDINE,

Qu'est-ce ?

CLITANDRE.

A Claudine.
Ah ! Madame, que j'ay de joye !

LUBIN.

A Angelique.
Claudine, ma pauvre Claudine.

CLAUDINE.

A Clitandre.
Doucement, Monsieur.

ANGELIQUE.

A Lubin.
Tout beau, Lubin.

CLITANDRE.

Est-ce toy, Claudine ?

CLAUDINE.

Oüy.

LUBIN.

Est-ce vous, Madame ?

ANGELIQUE.

Oüy,

CLAUDINE.

Vous avez pris l'une pour l'autre.

LUBIN.

Ma foy la nuit on n'y voit goute.

ANGELIQUE.

Est-ce pas vous, Clitandre?

CLITANDRE.

Oüy, Madame.

ANGELIQUE.

Mon mary ronfle comme il faut, & j'ay pris ce temps pour nous entretenir icy.

CLITANDRE.

Cherchons quelque lieu pour nous asseoir.

CLAUDINE.

C'est fort bien avisé.

Ils vont s'asseoir au fond du theatre.

LUBIN.

Claudine, où est-ce que tu es?

SCENE III.

GEORGE DANDIN, LUBIN.

GEORGE DANDIN.

J'Ay entendu descendre ma femme, & je me suis viste habillé pour descendre aprés elle. Où peut-elle estre allée? Seroit-elle sortie?

LUBIN.

Il prend George Dandin pour Claudine.

Où es-tu donc, Claudine? Ah te voila. Par ma foy ton Maistre est plaisamment attrapé, & je trouve cecy aussi drôle que les coups de baston de tantost dont on m'a fait recit. Ta Maistresse dit qu'il ronfle à cette heure comme tous les diantres, & il ne sçait pas que Monsieur le Vicomte & elle sont ensemble pendant qu'il dort. Je voudrois bien sçavoir quel songe il fait maintenant. Cela est tout à fait risible! Dequoy

s'avi-

s'avife-t-il aufli d'eftre jaloux de fa femme, & de
vouloir qu'elle foit à luy tout feul ? C'eft un imper-
tinent , & Monfieur le Vicomte luy fait trop d'honneur. Tu ne dis mot, Claudine. Allons , fuivons les,
& me donne ta petite menotte que je la baife. Ah
que cela eft doux. Il me femble que je mange des
confitures.

Comme il baife la main de Dandin , Dandin la luy
pouffe rudement au vifage.

Tubleu , comme vous y allez. Voila une petite
menotte qui eft un peu bien rude.

GEORGE DANDIN.
Qui va là ?

LUBIN.
Perfonne.

GEORGE DANDIN.
Il fuit , & me laiffe informé de la nouvelle perfidie
de ma coquine. Allons , il faut que fans tarder ,
j'envoye appeller fon pere & fa mere , & que cette
avanture me ferve à me faire feparer d'elle. Hola, Colin, Colin.

SCENE IV.
COLIN, GEORGE DANDIN.
COLIN.
A la feneftre.
MOnfieur.

GEORGE DANDIN.
Allons , vifte , icy bas.

COLIN.
En fautant par la feneftre.
M'y voila. On ne peut pas plus vifte.

GEORGE DANDIN.
Tu es là ?

COLIN.
Oüy, Monfieur.

Pendant qu'il les voit parler d'un cofté, Colin va de l'autre.

GEOR-

GEORGE DANDIN.

Doucement. Parle bas. Ecoute. Va-t'en chez mon
beau-pere, & ma belle mere, & dy que je les prie
tres-inftamment de venir tout à l'heure icy. Entens-
tu ? Eh ? Colin, Colin.

COLIN,

De l'autre cofté.
Monfieur.

GEORGE DANDIN.

Où diable es-tu ?

COLIN.

Icy.

GEORGE DANDIN.

*Comme ils fe vont tous deux chercher, l'un paffe d'un
cofté, & l'autre de l'autre.*

Pefte foit du maroufle qui s'éloigne de moy. Je
te dis que tu ailles de ce pas trouver mon beau-
pere, & ma belle-mere, & leur dire que je les
conjure de fe rendre icy tout à l'heure. M'entens-tu
bien ? Refpon. Colin, Colin.

COLIN.

De l'autre cofté.
Monfieur.

GEORGE DANDIN.

Voila un pandart qui me fera enrager, vien-t'en à
moy.

Ils fe cognent.

Ah le traiftre ! il m'a eftropié. Où eft-ce que tu es?
approche que je te donne mille coups. Je penfe qu'il
me fuit.

COLIN.

Affeurément.

GEORGE DANDIN,

Veux-tu venir ?

COLIN.

Nenny ma foy.

GEORGE DANDIN.

Vien, te dis-je.

COLIN.

Point, vous me voulez battre.

GEORGE DANDIN.

Hé bien non. Je ne te feray rien.

COLIN.

Asseurément ?

GEORGE DANDIN.

Oüy. Approche. Bon. Tu es bien-heureux de ce
que j'ay besoin de toy. Va-t'en viste de ma part prier
mon beau-pere & ma belle-mere de se rendre icy le
plutost qu'ils pourront, & leur dis que c'est pour une
affaire de la derniere consequence. Et s'ils faisoient
quelque difficulté à cause de l'heure, ne manque pas
de les presser, & de leur bien faire enten dre qu'il est
tres-important qu'ils viennent, en quelque estat qu'ils
soient. Tu m'entens bien maintenant.

COLIN.

Oüy, Monsieur.

GEORGE DANDIN.

Va viste, & revien de mesme. Et moy je vay ren-
trer dans ma maison attendant que ... Mais j'entens
quelqu'un. Ne seroit-ce point ma femme? Il faut que
j'écoute, & me serve de l'obscurité qu'il fait.

SCENE V.

CLITANDRE, ANGELIQUE, GEOR-
GE DANDIN, CLAUDINE, LUBIN.

ANGELIQUE.

ADieu. Il est temps de se retirer..

CLITANDRE.

Quoy si tost ?

ANGELIQUE.

Nous nous sommes assez entretenus.

CLITANDRE.

Ah ! Madame, puis-je assez vous entretenir, &
trouver en si peu de temps toutes les paroles
dont j'ay besoin ? Il me faudroit des journées en-
tieres

tieres pour me bien expliquer à vous de tout ce que je sens ; & je ne vous ay pas dit encore la moindre partie de ce que j'ay à vous dire.

A N G E L I Q U E.

Nous en écouterons une autre fois davantage.

C L I T A N D R E.

Helas ! de quel coup me percez-vous l'ame, lors que vous parlez de vous retirer, & avec combien de chagrins m'allez vous laisser maintenant ?

A N G E L I Q U E.

Nous trouverons moyen de nous revoir.

C L I T A N D R E.

Oüy. Mais je songe qu'en me quittant, vous allez trouver un mary. Cette pensee m'assassine, & les privileges qu'ont les marys sont des choses cruelles pour un Amant qui aime bien.

A N G E L I Q U E.

Serez-vous assez fort pour avoir cette inquietude, & pensez-vous qu'on soit capable d'aimer de certains marys qu'il y a ? On les prend, parce qu'on ne s'en peut deffendre, & que l'on dépend de parens qui n'ont des yeux que pour le bien, mais on sçait leur rendre justice, & l'on se mocque fort de les considerer au delà de ce qu'ils meritent.

G E O R G E D A N D I N.

Voila nos carognes de femmes.

C L I T A N D R E.

Ah ! qu'il faut avoüer que celuy qu'on vous a donné estoit peu digne de l'honneur qu'il a receu, & que c'est une étrange chose que l'assemblage qu'on a fait d'une personne comme vous, avec un homme comme luy.

G E O R G E D A N D I N.

à part.

Pauvres marys ! Voila comme on vous traitte.

C L I.

CLITANDRE.

Vous meritez sans doute une toute autre destinée,
& le Ciel ne vous a point faite pour estre la femme
d'un païsan.

GEORGE DANDIN.

Plust au Ciel ! fut-elle la tienne , tu changerois
bien de langage. Rentrons. C'en est assez.

Il entre, & ferme la porte.

CLAUDINE.

Madame , si vous avez à dire du mal de vostre mary, depeschez viste, car il est tard.

CLITANDRE.

Ah, Claudine, que tu es cruelle.

ANGELIQUE.

Elle a raison. Separons-nous.

CLITANDRE.

Il faut donc s'y resoudre puis que vous le voulez.
Mais au moins je vous conjure de me plaindre un
peu, des méchans momens que je vais passer.

ANGELIQUE.

Adieu.

LUBIN.

Où es-tu , Claudine, que je te donne le bon-
soir.

CLAUDINE.

Va , va, je le reçois de loin , & je t'en renvoye
autant.

SCENE VI.

ANGELIQUE, CLAUDINE,
GEORGE DANDIN.

ANGELIQUE.

REntrons sans faire de bruit.

CLAUDINE.

La porte s'est fermée.

A ij

ANGELIQUE,

J'ay le paſſe-par-tout.

CLAUDINE.

Ouvrez donc doucement.

ANGELIQUE.

On a fermé en dedans, & je ne ſçay comment nous ferons.

CLAUDINE.

Appellez le garçon qui couche là.

ANGELIQUE.

Colin, Colin, Colin.

GEORGE DANDIN.

Mettant la teſte à ſa feneſtre.

Colin, Colin ? Ah je vous y prens donc, Madame ma femme, & vous faites des eſcampativos pendant que je dors. Je ſuis bien-aiſe de cela, & de vous voir dehors à l'heure qu'il eſt.

ANGELIQUE.

Hé bien, quel grand mal eſt-ce qu'il y a à prendre le frais de la nuit ?

GEORGE DANDIN.

Oüy, oüy. L'heure eſt bonne à prendre le frais. C'eſt bien plutoſt le chaud, Madame la Coquine ; & nous ſçavons toute l'intrigue du rendez-vous, & du Damoiſeau. Nous avons entendu voſtre galant entretien, & les beaux vers à ma loüange que vous avez dits l'un & l'autre. Mais ma conſolation c'eſt que je vais eſtre vangé, & que voſtre pere & voſtre mere ſeront convaincus maintenant de la juſtice de mes plaintes, & du déreglement de voſtre conduite. Je les ay envoyé querir, & ils vont eſtre icy dans un moment.

ANGELIQUE.

Ah Ciel !

CLAUDINE.

Madame.

GEORGE DANDIN.

Voila un coup ſans doute où vous ne vous

C

atten_

attendiez pas. C'eſt maintenant que je triomphe, & j'ay dequoy mettre à bas voſtre orgueil, & détruire vos artifices. Juſques icy vous avez joüé mes accuſations, ébloüy vos parens & plaſtré vos malverſations. J'ay eu beau voir, & beau dire, & voſtre adreſſe toujours l'a emporté ſur mon bon droit, & toujours vous avez trouvé moyen d'avoir raiſon. Mais à cette fois, Dieu mercy, les choſes vont eſtre eclaircies, & voſtre effronterie ſera pleinement confonduë.

ANGELIQUE.

Hé je vous prie, faites moy ouvrir la porte.

GEORGE DANDIN.

Non, non, il faut attendre la venuë de ceux que j'ay mandez, & je veux qu'ils vous trouvent dehors à la belle heure qu'il eſt. En attendant qu'ils viennent, ſongez, ſi vous voulez, à chercher dans voſtre teſte quelque nouveau détour pour vous tirer de cette affaire. A inventer quelque moyen de r'habiller voſtre eſcapade. A trouver quelque belle ruſe pour eluder icy les gens & paroiſtre innocente. Quelque pretexte ſpecieux de pelerinage nocturne, ou d'amie en travail d'enfant que vous veniez de ſecourir.

ANGELIQUE.

Non, mon intention n'eſt pas de vous rien déguiſer. Je ne pretens point me deffendre, ny vous nier les choſes, puis que vous les ſçavez.

GEORGE DANDIN.

C'eſt que vous voyez bien que tous les moyens vous en ſont fermez, & que dans cette affaire vous ne ſçauriez inventer d'excuſe qu'il ne me ſoit facile de convaincre de fauſſeté.

ANGELIQUE.

Oüy. Je confeſſe que j'ay tort, & que vous avez ſujet de vous plaindre. Mais je vous demande par grace de ne m'expoſer point maintenant à la mauvaiſe humeur de mes parens, & de me faire promptement ouvrir.

GEOR-

GEORGE DANDIN.
Je vous baise les mains.

ANGELIQUE.
Eh mon pauvre petit mary. Je vous en conjure.

GEORGE DANDIN.
Ah mon pauvre petit mary? Je suis vostre petit mary maintenant, parce que vous vous sentez prise. Je suis bien-aise de cela, & vous ne vous estiez jamais avisée de me dire de ces douceurs.

ANGELIQUE.
Tenez. Je vous promets de ne vous plus donner aucun sujet de déplaisir, & de me....

GEORGE DANDIN.
Tout cela n'est rien. Je ne veux point perdre cette avanture, & il m'importe qu'on soit une fois éclaircy à fond de vos deportemens.

ANGELIQUE.
De grace, laissez-moy vous dire. Je vous demande un moment d'audience.

GEORGE DANDIN.
Hé bien quoy?

ANGELIQUE.
Il est vray que j'ay failly, je vous l'avoüe encore une fois; & que vostre ressentiment est juste. Que j'ay pris le temps de sortir pendant que vous dormiez, & que cette sortie est un rendez-vous que j'avois donné à la personne que vous dites. Mais enfin ce sont des actions que vous devez pardonner à mon âge; des emportemens de jeune personne qui n'a encore rien veu, & ne fait que d'entrer au monde. Des libertez où l'on s'abandonne sans y penser de mal, & qui sans doute dans le fond n'ont rien de criminel.

GEORGE DANDIN.
Oüy vous le dites, & ce sont de ces choses qui ont besoin qu'on les croye pieusement.

ANGELIQUE.
Je ne veux point m'excuser par là d'estre cou-

pable

pable envers vous, & je vous prie seulement d'oublier une offense, dont je vous demande pardon de tout mon cœur; & de m'épargner en cette rencontre le déplaisir que me pourroient causer les reproches fascheux de mon pere & de ma mere. Si vous m'accordez genereusement la grace que je vous demande; ce procedé obligeant, cette bonté que vous me ferez voir, me gagnera entierement. Elle touchera tout à fait mon cœur, & y fera naistre pour vous ce que tout le pouvoir de mes parens & les liens du mariage n'avoient pû y jetter. En un mot, elle sera cause que je renonceray à toutes les galanteries, & n'auray de l'attachement que pour vous. Oüy, je vous donne ma parole que vous m'allez voir desormais la meilleure femme du monde, & que je vous témoigneray tant d'amitié, tant d'amitié, que vous en serez satisfait.

GEORGE DANDIN.

Ah! Crocodile, qui flate les gens pour les étrangler.

ANGELIQUE.

Accordez-moy cette faveur.

GEORGE DANDIN.

Point d'affaires. Je suis inexorable.

ANGELIQUE.

Montrez vous genereux.

GEORGE DANDIN.

Non.

ANGELIQUE.

De grace.

GEORGE DANDIN.

Point.

ANGELIQUE.

Je vous en conjure de tout mon cœur.

GEORGE DANDIN.

Non, non, non. Je veux qu'on soit détrompé de vous, & que vostre confusion éclate.

AN-

ANGELIQUE.

Hé bien, si vous me reduisez au desespoir, je vous avertis qu'une femme en cet estat est capable de tout, & que je feray quelque chose icy dont vous vous repentirez.

GEORGE DANDIN.

Et que ferez-vous, s'il vous plaist ?

ANGELIQUE.

Mon cœur se portera jusqu'aux extremes resolutions, & de ce couteau que voicy je me tuëray sur la place.

GEORGE DANDIN.

Ah ! ah ! à la bonne heure.

ANGELIQUE.

Pas tant à la bonne heure pour vous, que vous vous imaginez. On sçait de tous costez nos differens, & les chagrins perpetuels que vous concevez contre moy. Lors qu'on me trouvera morte, il n'y aura personne qui mette en doute que ce ne soit vous qui m'aurez tuée ; & mes parens ne sont pas gens asseurément à laisser cette mort impunie, & ils en feront sur vostre personne toute la punition que leur pourront offrir, & les poursuites de la Justice, & la chaleur de leur ressentiment. C'est par là que je trouveray moyen de me vanger de vous, & je ne suis pas la premiere qui ait sceu recourir à de pareilles vangeances, qui n'ait pas fait difficulté de se donner la mort, pour perdre ceux qui ont la cruauté de nous pousser à la derniere extremité.

GEORGE DANDIN.

Je suis vostre valet. On ne s'avise plus de se tuër soymesme, & la mode en est passée il y a long-temps.

ANGELIQUE.

C'est une chose dont vous pouvez vous tenir seur, & si vous persistez dans vostre refus, si vous ne me faites ouvrir, je vous jure que tout à l'heure je vais vous faire voir jusques où peut aller la resolution d'une personne qu'on met au desespoir.

GEOR-

GEORGE DANDIN.

Bagatelles, bagatelles. C'eſt pour me faire peur.

ANGELIQUE.

Hé bien, puis qu'il le faut, voicy qui nous contentera tous deux, & montrera ſi je me moque. Ah! c'en eſt fait. Faſſe le Ciel que ma mort ſoit vangée comme je le ſouhaite, & que celuy qui en eſt cauſe, reçoive un juſte chaſtiment de la dureté qu'il a euë pour moy.

GEORGE DANDIN.

Oüais! ſeroit-elle bien ſi malicieuſe que de s'eſtre tuée pour me faire pendre? Prenons un bout de chandelle pour aller voir.

ANGELIQUE.

St. Paix. Rangeons-nous chacune immediatement contre un des coſtez de la porte.

GEORGE DANDIN.

La méchanceté d'une femme iroit-elle bien juſques-là?

Il ſort avec un bout de chandelle ſans les appercevoir, elles entrent, auſſi-toſt elles ferment la porte.

Il n'y a perſonne. Eh je m'en eſtois bien douté, & la pendarde s'eſt retirée, voyant qu'elle ne gagnoit rien aprés moy, ny par prieres ny par menaces. Tant mieux, cela rendra ſes affaires encore plus mauvaiſes, & le pere & la mere qui vont venir en verront mieux ſon crime. Ah ah la porte s'eſt fermée. Hola ho quelqu'un. Qu'on m'ouvre promptement.

ANGELIQUE.

A la feneſtre avec Claudine.

Comment c'eſt toy! d'où viens-tu bon pendart? eſt-il l'heure de revenir chez ſoy, quand le jour eſt preſt de paroiſtre, & cette maniere de vie eſt-elle celle que doit ſuivre un honneſte mary?

CLAUDINE.

Cela eſt-il beau d'aller yvrogner toute la nuit? & de laiſſer ainſi toute ſeule une pauvre jeune femme dans la maiſon?

G E O R G E   D A N D I N.

Comment vous avez...

A N G E L I Q U E.

Va va, traiſtre, je ſuis laſſe de tes déportemens , &
je m'en veux plaindre ſans plus tarder à mon pere & à
ma mere.

G E O R G E   D A N D I N.

Quoy c'eſt ainſi que vous oſez...

S C E N E   VII.

Mr & Me DE SOTENVILLE, COLIN, CLAUDINE, ANGELIQUE, GEORGE DANDIN.

A N G E L I Q U E.

Mr & Me de Sotenville ſont en des habits de nuit &
conduits par Colin, qui porte une lanterne.

APprochez de grace , & venez me faire raiſon de
l'inſolence la plus grande du monde , d'un mary à
qui le vin & la jalouſie ont troublé de telle ſorte la
cervelle, qu'il ne ſçait plus ny ce qu'il dit, ny ce
qu'il fait, & vous a luy-meſme envoyé querir pour
vous faire témoin de l'extravagance la plus étrange
dont on ait jamais oüy parler. Le voila qui revient
comme vous voyez, aprés s'eſtre fait attendre toute
la nuit, & ſi vous voulez l'écouter, il vous dira qu'il
a les plus grandes plaintes du monde à vous faire de
moy ; que durant qu'il dormoit, je me ſuis derobée
d'auprés de luy pour m'en aller courir , & cent autres
contes de meſme nature qu'il eſt allé reſver.

G E O R G E   D A N D I N.

Voila une méchante carogne.

C L A U D I N E.

Oüy, il nous a voulu faire accroire qu'il eſtoit dans
la maiſon, & que nous en eſtions dehors, & c'eſt
une folie qu'il n'y a pas moyen de luy oſter de la
teſte.

C 4

Mr D E

M^r DE SOTENVILLE.

Comment; qu'eſt-ce à dire cela ?

M^e DE SOTENVILLE.

Voila une furieuſe impudence que de nous envoyer querir.

GEORGE DANDIN.

Jamais.

ANGELIQUE.

Non , mon pere , je ne puis plus ſouffrir un mary
de la ſorte. Ma patience eſt pouſſée à bout, & il vient
de me dire cent paroles injurieuſes.

M^r DE SOTENVILLE.

Corbleu vous eſtes un mal honneſte homme.

CLAUDINE.

C'eſt une conſcience de voir une pauvre jeune
femme traitée de la façon , & cela crie vengeance au
Ciel.

GEORGE DANDIN.

Peut-on...

M^e DE SOTENVILLE.

Allez, vous devriez mourir de honte.

GEORGE DANDIN.

Laiſſez-moy vous dire deux mots.

ANGELIQUE.

Vous n'avez qu'à l'écouter , il va vous en conter
de belles.

GEORGE DANDIN.

Je deſeſpere.

CLAUDINE.

Il a tant beu , que je ne penſe pas qu'on puiſſe du-
rer contre luy , & l'odeur du vin qu'il ſouffle eſt
montée juſqu'à nous.

GEORGE DANDIN.

Monſieur mon beau pere, je vous conjure...

M^r DE SOTENVILLE.

Retirez-vous. Vous puez le vin à pleine bouche.

GEORGE DANDIN.

Madame, je vous prie...

M^e D E

M^e D E S O T E N V I L L E.

Fy ne m'approchez pas. Voftre haleine eft em-
peftée.

G E O R G E D A N D I N.

Souffrez que je vous ...

M^r D E S O T E N V I L L E.

Retirez-vous, vous dis-je. On ne peut vous fouf-
frir.

G E O R G E D A N D I N.

Permettez de grace que...

M^e D E S O T E N V I L L E.

Poüas, vous m'engloutiffez le cœur. Parlez de loin,
fi vous voulez.

G E O R G E D A N D I N.

Hé bien oüy, je parle de loin. Je vous jure que
je n'ay bougé de chez moy, & que c'eft elle qui eft
fortie.

A N G E L I Q U E.

Ne voila pas ce que je vous ay dit ?

C L A U D I N E.

Vous voyez quelle apparence il y a.

M^r D E S O T E N V I L L E.

Allez. Vous vous moquez des gens. Defcendez,
ma fille, & venez icy.

G E O R G E D A N D I N.

J'attefte le Ciel, que jeftois dans la maifon, & que...

M^e D E S O T E N V I L L E.

Taifez-vous, c'eft une extravagance qui n'eft pas fu-
portable.

G E O R G E D A N D I N.

Que la foudre m'écrafe tout à l'heure, fi...

M^r D E S O T E N V I L L E.

Ne nous rompez pas davantage la tefte, & fongez à
demander pardon à voftre femme.

G E O R G E D A N D I N.

Moy demander pardon ?

M^r D E S O T E N V I L L E.

Oüy pardon, & fur le champ.

C 5

G E O R-

GEORGE DANDIN.

Quoy je...

Mr DE SOTENVILLE.

Corbleu fi vous me repliquez. Je vous apprendray
ce que c'eft que de vous joüer à nous.

GEORGE DANDIN.

Ah George Dandin !

Mr DE SOTENVILLE.

Allons, venez ma fille, que voftre mary vous demande pardon.

ANGELIQUE.

Defcenduë.

Moy ? luy pardonner tout ce qu'il m'a dit ? Non,
non, mon pere, il m'eft impoffible de m'y refoudre,
& je vous prie de me feparer d'un mary avec lequel je
ne fçaurois plus vivre.

CLAUDINE.

Le moyen d'y refifter ?

Mr DE SOTENVILLE.

Ma fille, de femblables feparations ne fe font point
fans grand fcandale, & vous devez vous montrer
plus fage que luy, & patienter encore cette fois.

ANGELIQUE.

Comment patienter aprés de telles indignitez? non,
mon pere, c'eft une chofe où je ne puis confentir.

Mr DE SOTENVILLE.

Il le faut, ma fille, & c'eft moy qui vous le com-
mande.

ANGELIQUE.

Ce mot me ferme la bouche, & vous avez fur moy
une puiffance abfoluë.

CLAUDINE.

Quelle douceur !

ANGELIQUE.

Il eft facheux d'eftre contrainte d'oublier de telles
injures, mais quelle violence que je me faffe, c'eft à
moy de vous obeïr.

CLAU-

CLAUDINE.

Pauvre mouton !

Mr DE SOTENVILLE.

Approchez.

ANGELIQUE.

Tout ce que vous me faites faire ne servira de rien, &
vous verrez que ce sera dés demain à recommencer.

Mr DE SOTENVILLE.

Nous y donnerons ordre. Allons, mettez vous à
genoux.

GEORGE DANDIN.

A genoux ?

Mr DE SOTENVILLE.

Oüy, à genoux, & sans tarder.

GEORGE DANDIN.

Il se met à genoux.

O Ciel ! Que faut-il dire ?

Mr DE SOTENVILLE.

Madame, je vous prie de me pardonner.

GEORGE DANDIN.

Madame, je vous prie de me pardonner.

Mr DE SOTENVILLE.

L'extravagance que j'ay faite.

GEORGE DANDIN.

L'extravagance que j'ay faite.

à part.

De vous épouser.

Mr DE SOTENVILLE.

Et je vous promets de mieux vivre à l'avenir.

GEORGE DANDIN.

Et je vous promets de mieux vivre à l'avenir.

Mr DE SOTENVILLE.

Prenez-y garde, & sçachez que c'est icy la derniere
de vos impertinences que nous souffrirons.

Me DE SOTENVILLE.

Jour de Dieu, si vous y retournez, on vous apprendra le respect que vous devez à vostre femme,
& à ceux de qui elle sort.

Mr DE

Mᵗ DE SOTENVILLE.

Voila le jour qui va paroiſtre. Adieu. Rentrez chez
vous, & ſongez bien à eſtre ſage. Et nous, mamour,
allons nous mettre au lit.

SCENE VIII.

GEORGE DANDIN.

AH! je le quitte maintenant, & je n'y voy plus
de remede, lors qu'on a comme moy épouſé une
méchante femme, le meilleur party qu'on puiſſe
prendre, c'eſt de s'aller jetter dans l'eau la teſte la
premiere.

F I N.